Originalausgabe

Herstellung und Verlag: BoD – Books on Demand, Norderstedt
ISBN: 9783757861773

Runenreime

Runen reimen mit den Weiden und Steinen, denn ihre Zeichen erscheinen überall in der Natur. Nicht nur mit der Rune Dagaz wird es ein perfekter Tag. Jede Rune will dir den Weg ebnen zu einem spirituell erfüllteren Leben. Ein voller Runenkranz besitzt die Kraft, dich ein Leben lang zu halten und mit dir im magischen Feuer der alten und neuen Zeiten zu tanzen.

Runenführer

Sowelu siegt
Und Othala wiegt.
Tiwaz kriegt,
Was es will.

Jera kreist
Bis zum Greis
Und Eiwaz weist
Ins Himmelreich.

Alte Äste formen
Die Zeichen
Der weisen Nornen
Im hohen Norden.

Im Runenkranz
Am Feuer getanzt.
Das Alte geehrt
Und die Liebe
Zur Zukunft genährt.
Folge den Runen
Und lass dich
In eine bessere
Zukunft führen.

Rune der Kriegerseelen

Tiwaz oben.
Tiwaz unten.
Rune der Krieger
Und gerechten Sieger.

In Tiwaz ruht
Die alte Macht.
Aus Tiwaz wächst
Des Sieges Kraft.

Tiwaz fällt
An diesem Morgen
Und der Held
Überwindet alle Sorgen.

Tiwaz führt
Zu wahrem Ruhm
Und Tiwaz kürt
Des Sieges Tun.

Im Thing
Webt Tiwaz
Und durch den Sieg
Das Ass.

Runenkunde

Runen künden
Aus den tiefsten Gründen
Des Weltenseins.

Runen rühren
In dem Flüssen
Aller Seelen.

Runen strahlen
In den Wahren
Und erwecken
Den Mut der Legenden.

Runen färben
Die neuen Ähren
Des Menschengeschlechts.

Runen, unsichtbar
Wie sichtbar, sind
Der Pfad ins Innerste
Deines Hauses.

Folge ihnen
Und lerne die
Alte Magie neu
Zu lieben.

Göttlicher Mund

Ansuz rät,
Weil Odin spricht.
Ansuz zeigt,
Was du willst.

Sprich in
Deinem Namen.
Lass die Ahnen
Freudig strahlen.

Sprich von
Deinen Wünschen
Und den Trümpfen
Deines Lebens.

Sprich von
Wahrer Liebe
Und den Trieben
Neuen Lebens.

Sprich von
Deinen Träumen
Und den Räumen
Deiner Seele.

Ansuz zeigt
Heiligkeit.
Ansuz spricht
Und gewinnt.

Uraltes Ur

Ur ruht
Mit alter Kraft,
Wie ein Fluss,
Der alles von dannen
Schafft.

Ein alter Ochse.
Ein alter Stier.
Ein Elefant.
Ein mystisches Tier.

Ur besiegt
Jede Macht.
Ur erschafft,
Denn Urs Kraft
Ist älter als die Zeit
Und weiter gereist
Als dieses Universum.

Fühle Ur
Und spüre,
Wie nur du
Dein Schicksal
Erfüllen kannst.

Runenschutz

Algiz
Himmel und Erde.
Pfad nach Midgard.

Algiz Schutz trotzt
Allen Feinden.
Algiz Schutz heilt
Alle Not.

Das Gras am Pfad warnt
Vor dem nahenden Feind.
Der Schwan sang
Vom Schatz des Rheins.

Geschichten und Legenden,
Die sich zum Wahren wenden.
Schutz und Trutz
Bringt Algiz im Überfluss.

Algiz öffnet die Tore
Aller Welten.
Algiz reinigt die Poren
Und schützt die Helden.

Diene ihnen,
Diene vielen
Und Algiz wird
Dich führen.

Runenkreis

Im Kreis der Runen
Verweilen Weise.
Der Runenkreis
Weiß zu führen.

Lebe im Einklang
Mit den Welten.
Spüre den Gleichklang
Der Helden*.

Zähle die Würfe
Und küre mit Sinn.
Töte den Zweifel
Und folge ihnen.

Runen lehren
Und beschützen.
Heilige Wesen
Werden euch nützen.

Ein Kreis vereint
Die Wahren.
Im magischen Schein
Erstrahlen die Jahre.

Der Kreis der Runen
Bindet die Reben.
Sie werden uns führen
Ins ewige Leben.

Liebesrune

Kenaz schafft
Der Liebe Macht.

Kenaz dem Feuer
Ist die Liebe teuer.

Ein Reim der Herzen
Im Schein der Kerzen
Verbindet die Liebenden
In Yggdrasils Trieben.

Ein Reim am Feuer
Zeigt wie teuer
Sich zwei sind
Und sich verbinden.

Die Runenliebe
Hext wahre Triebe
Für die Ewigkeit
Im Brautkleid.

Ein wahres ja
Schwört das Paar
Und fühlt Kenaz
Im Herz.

Tiwaz Pfand

Die Macht des Siegers
Und wilden Kriegers.
Gerechtigkeit siegt
Nach jedem Krieg.

Wenn Tiwaz fällt,
Ist es Zeit zu kämpfen.
Wenn Tiwaz erscheint,
Folgt meist das Streiten.

Der nordische Gott
Verstrickt ins Komplott,
Verliert seine Hand
Und den Schwurpfand.

Der Fenrishund knurrt
Wegen der Lüge Geburt
Und schwört Rache
Dem Asenlande.

Der Geschichte Ende
Ist die göttliche Wende,
Vielmehr der göttliche Tod
Und die magische Wiedergeburt.

Nach Ragnarök beginnt
Ein Götterkind und spinnt
Ein neues Reich
Der Ewigkeit.

Fehus Fülle

Fehu die Fülle,
Der Reichtum und Besitz.
Fehu ist der Schatz
Wahrer Macht.

Fehu zeigt das Vieh
Der alten Zeit.
Fehu weist
Den Weg der Reichen.

In Fehu ruht die Fülle
Und deine Karriere.
Mit Fehu wächst
Dein Aktienbesitz.

Du hast es verdient,
Also genieß.
Du wirst erreichen
Grenzenlosen Reichtum.

Dein Besitz ist
Ein goldener Blitz.
Deine innere Kraft
Ist auch ein Schatz.

Göttliche Gaben

Das Göttliche.
Mannaz!
Vision des Himmels.
Mannaz!

Im eigenen Selbst
Ruhen die Kräfte
Und erwecken den
Inneren Held.

Hilfe naht
Aus vielen Welten.
Göttliche Kraft
Erweckt die Heldin.

Mannaz reinigt
Das Herz vom Zweifel.
Mannaz zeigt
Zum Tor der Reife.

Ziehst du Mannaz,
Dann sieh in dein Selbst.
Akzeptiere die Gaben,
Die du von den Göttern erhältst.
Sie beschenken dich,
Denn du bist ihr Kind.

Runenkokon

Inguz wandelt sich
Und verwandelt mich.

Ein magischer Kokon
Webt eine neue Aura.
Ein schallender Gong
Eröffnet die neue Ära.

Inguz zaubert und
Beendet mein Zaudern.
In Inguz steckt die Kraft
Der goldenen Aura.

Wandel ist sein Wesen
Und die Erde sein Metier.
Fruchtbarkeit scheint
Und erfüllt mein Leben.

Inguz wandelt das Alte
In neue Kraft.
Inguz gebiert
Die Schaffenskraft
Und lässt Träume
Wahr werden.

Mut tut gut!

In der Kriegerrune
Steckt die Kraft der Ruhe:
Denn jeder Kampf fordert Geduld
Und langanhaltenden Mut.

Tiwaz fällt für den Held
Und er zieht hinaus in die Welt.
Tiwaz wählt die Heldin
Und weckt ihren Scharfsinn.

Abenteuer warten
Auf die Tapferen.
Ehre winkt, wem es gelingt
Zu gewinnen.

Zögert nicht und
Stürzt euch ins Getümmel.
Zieht hinaus und
Macht das Beste draus.

In Tiwaz steckt
Der Heldeneffekt.
Tiwaz führt hinauf
Bis zum höchsten Schicksalslauf.

Isa

Isas Stille
Ist unstillbarer
Wille.

Isas Kraft
Ist schweigende
Macht.

Das Eis
Siegt um
Jeden Preis.

Das schwarze
Loch bewegt unbewegt
Die ganze Welt.

Isa ist still,
Doch bekommt,
Was es will.

Isa schweigt
Und zeigt den Weg,
Der zu den höchsten
Gipfeln führt.

Umgekehrte Runen

Umgekehrt.
Schmerz.
Die Rune liegt
Kopf auf Fuß.

Schweiß tropft
Auf meiner Stirn.
Unverhofft
Muss ich zusehen.

Liegt sie umgekehrt,
Will sie dich lehren.
Liegt sie auf dem Kopf,
Fühlst du dich betroffen.

Runen sind Lehrer
Der Ehre.
Runen sind Meisterinnen
Zum Besinnen.

Forsche nach
Ihrem Sinn.
Strebe nach
Ihrem Gewinn.

Eingeweihte

Laguz fließt
Im hellen Licht.
Laguz schießt
Ein neues Bild.

Eingeweiht
Im alten Brauch.
Eingeweiht
Ohne Staub.

Künstler weben
Und erschaffen.
Ihre neuen Reben
Klatschen.

Das Wasser des Meeres
Strahlt himmelblau.
Das Gefühl des Weges
Ist schicksalsrau.

Laguz gewinnt,
Weil es das Tor öffnet.
Das Glückskind
Freudig verkündet,
Wie die Reise beginnt.

Ernterune

Jera erntet und kreist.
Diese Rune zeigt
Den Lohn unseres Weges.

Aussäen und düngen.
Sich karmisch verjüngen
Und zugleich reifen.

Den Boden beackern.
Das Schicksal zusammentackern
Und den Nornen folgen.

Der Gewinn wartet
Im blühenden Garten
Der Sommerbrise.

Jeras Gewinn
Ist der runde Sieg
Im Jahresring.

Ruhe im Sturm

Die Kraft
Der Kriegerrune.
Die Macht
Der Geduld.

Ruhig wartet
Der Soldat.
Willig scharrt
Er den Graben.

In Deckung
Liegt er sicher.
Seine Rettung
Ist das Gewehr.

Überall tobt
Der wilde Kampf.
Innerlich roh
Wartet er gespannt.

Die Kraft
Der Kriegerrune
Führt ihn geduldig
Zur Macht.

Jeras Kreis

Jera kreist
Im Menschenreich
Und erntet
Wahre Werte.

Was du gibst,
Kommt zu dir zurück.
Was du säst,
Wirst du ernten.

Zwischen gestern
Und heute liegen
Die Gesten
Wahrer Liebe.

Zwischen gestern
Und morgen
Gebiert der
Hohe Norden.

Gib und
Krieg zurück.
Nimm und
Verschling.

Es kreist
In Jeras Reich.
Sei bereit
Zu säen und zu
Erleben, wie
Es wächst.

Hagals Härten

Hagals Härten
Verwerfen
Meinen Glauben
Für einen Moment.

Alles ausgezehrt.
Vom Schmerz verzerrt.
Entleerte Willenskraft.
Zweifel am Schicksal.

Unsichtbar fließt
Die Kraft aus mir.
Kalt genießt
Der Feind den Sieg.

Hagal prüft
Mein Gemüt.
Hagal zerreißt
Den dummen Stolz.

Hagal stiehlt
Die Überheblichkeit.
Hagal vereint
Und macht bereit.

Runenkund

Rune kreise
In dem Runenreime.
Rune weise
Durch die Heiden.

In der Rune ruht
Die Kraft Urs.
Mit stoischer Geduld
Erdulden.

Im Kreis der Rune
Lebt das alte Thule.
Wie Taifune
Wächst die Rune.

Alte Kunde
Der Tagesrune.
Neue Bühne
Im Menschengewühle.

Werde eins
Mit dem Runenreich.
Werde frei
In der Hexerei.

ruhig

In Ur
Ruhen
Geduld
Im Ochsen tun

Kraft
Alter Macht
Rune
Der Urruhe

Macht
Erschafft
Ochsen
Locken

Ur gewinnt
Das Kind
Erfolg
Des Volks

Folge Ur
In die Kur
Verweile
Altes Heil

Sigs Sieg

Ein Tag unter Sig.
Sonnenschein und Sieg.
Spiritueller Wachstum
Und universeller Reichtum.

Sig siegt
In jedem Krieg.
Sig gebiert
Den neuen Sieg.

Folge Sig
Und nimm
Den Schatz mit.

Nimm Sig an
An jedem Tag
Und strahle.

Lebe in Sigs Schein
Und lass dein Heim
Unter Sig leuchten.

Sonnenrune.
Sonnenrad.
Alte Macht.
Siegreicher Pfad.

kopfüber

Zuhaus im
Umgekehrten Othala
Fern der Heimat.

Zuhaus auf
Tausend Wegen,
Die zu mir führen.

Zuhaus in
Der unbekannten Fremde
Jenseits meiner Wände.

Othalas Haus.
Othalas Faust.
Othalas Weg,
Der immer zu mir führt.

Aber Othala fiel
Auf den Kopf
Und ich frag mir
Ein Loch.

Runendrang

Irre Verwirrung.
Runenrätsel.
Verirrte Windung
Zum Entschlüsseln.

Die Rune fällt
Und offenbart.
Welches Geheimnis
Der Welt ruht in ihr?

Die Rune fällt
Und weist den Weg.
Doch mehr sagt
Sie mir nicht.

Die Rune fällt
Und lehrt mich.
Die Rune weist
Und führt mich.

Sie gibt mir Antwort
Und noch mehr Fragen.
Sie gibt mir Wahrheit,
Die ich lernen muss
Zu ertragen.

Mütter

Heilige Mütter
Unzähliger Generationen.
Heilige Mütter
Haben uns geboren.

Auserkoren
Von Berkana.
Verloren
Im Wald der Birken.

Ihre Kraft
Weckt meine Ganzheit.
Ihre Macht
Befreit.

Unsere Mütter
Schützen uns.
Unsere Mütter
Schenken uns Wärme.

Unsere Mütter sind
Der sichere Hafen.
Unsere Mütter sind
Die Zeugen der Erde.

Schutzherrin

Algiz Blitz
Schützt.

Algiz Macht
Bewacht.

Eine Rune in den Bäumen,
Die selbst in den Träumen
Schützt und nützt.

Die große Schutzrune
Und magische Schatztruhe
Will uns helfen
In allen Welten.

Denn wir brauchen Schutz
Und mehr noch Trutz
Vor jenen, die uns bedrohen
Und jenen, die die Welt verrohen.

Algiz bewacht
Unsere Nacht und
Uns am Tag.
Algiz wehrt
Die Feinde ab.
Algiz ist stark.

Mutterrune

Berkana.
Mutterbirke.
Muttergöttin.
Nährende Brust.

Berkana schützt
Und spendet Segen.
Berkana nützt
Den Gebärenden.

Die Muttergöttin
Sendet ihr Licht.
Sie ist die Ärztin
Aller Kindlichen.

Mutter. Spenderin.
Heilerin. Warmer Schoß.
Verbündete Agentin.
Rettendes Floß.

Berkana. Birke.
Fleckenkleid.
Berkana. Rune.
Heilt das Weinen.

Runenreise

Reise ans Ende der Welt,
Wenn Raido fällt.

Die Ferne ruft
Mit frischer Luft.

Raido zeigt.
Also sei bereit.

Denn eine Reise bringt
Frischen Wind.

Eine Reise schafft
Neue Kraft.

Eine Reise führt
Ins Unberührte
Deines innersten Wesens.
Deshalb folge Raidos Ruf
Auf allen Wegen.

Sigs Zeichen

Sig fällt
Kurz vor dem Sieg,
Als der Gewinn
Schon greifbar ist.

Die Rune webt
Den Siegesweg,
Der mich zum Gipfel
Trägt.

Ein Zeichen
Jenseits der Zeiten
Lässt Macht walten
Und führt mich hinauf.

Sig erstrahlt
Im hellen Licht
Und erhebt mich
Ins Jenseitige.

Sig führt
Uns alle an,
Aber nur im fairen
Und gerechten Kampf!

Runenkeim

Im Runenreim
Steckt der Keim
Des Schicksals
Und des heiligen Grals.

Du bringst Opfer
Als Betroffener.
Doch der Gewinn
Wird Glück bringen.

Du wählst die Qual
Aus hartem Stahl.
Der Preis ist groß
Im Mutterschoß.

Sieh die Rune
Nordischer Kommune.
Ergreif die Magie
Im Sieg.

Lebe den Zauber
Und werde lauter.
Geh über alles hinaus
Bis zum Legendenhaus.

Hörner

Ur die Urrune.
Ausgestorbener Auerochse.
Endlose Coolness
Im wilden Boxen.

In ihr ruht
Die alte Zeit.
Sie ist die Flut
Der Heiligkeit.

Kosmische Macht
Aus der Tiefe.
Ewige Kraft
Alter Tiere.

Das Herz erwacht
Und strebt
In der vollen Pracht
Des Zeitgewebes.

Ur symbolisiert den Stier
Und die Tiefe der Welt.
Ur erweckt das Tier
Im Held und
Führt ihn zum Gipfel
Aller Wünsche, Träume und Visionen.

Hohler Stumpf

Wie verhext
Mit Nauthiz.
Ein dicker Klecks:
Umgekehrtes Nauthiz.

Mein Herz verletzt
Im Albtraum.
Meine Sorge wächst
Ins Albenreich.

Dunkelheit
In jeder Pore.
Verwirrtheit
Tritt durch die Tore.

Weniger wird mehr
Und Faulheit Sein.
Verschwindet die Ehr
Im falschen Wein.

Oben aufgehängt
Wie die Fledermaus.
Tränenlos geflennt.
Umgekehrtes Nauthiz.

Algiz Blitz

Schutz in allen Welten
Mit Algiz,
Denn wie ein Blitz
Schützt sie mich.

Algiz Blitz
Rettet mich.
Algiz Blitz
Bewahrt mich
Vor Unheil.
Algiz Blitz
Bring Glück
Über mich.

Schutz zu jeder Zeit,
Wenn Algiz über mir scheint.
Schutz in jeder Welt,
Wenn die Rune Algiz fällt.

Algiz schützt
Und nützt.
Algiz bewahrt
Und offenbart.
Algiz heilt
In dreifacher Zeit.

Algiz kommt wie der Blitz
Und beschützt,
Denn Algiz ist
Der Protagonist.

Vertrautes Heim

Othalas Haus
Auf Stein gebaut
Für die Ewigkeit.

Trautes Heim
Hat uns vereint
In Loyalität.

Nichts schöneres
Als der Heimatbesitz
Gibt innere Kraft.

Ewig Seiendes
Gibt befreites
Sicherheitsgefühl.

Unser Zuhause
Ist die Pause
Von der Gesellschaft.

Zusammen sein
Im vertrauten Heim
Heilt die Sorgen.

Sei dankbar
Und ehrbar
Mit Othala.

Göttliche Weisheit

Ansuz Zeichen
In den Weltenkreisen.
Farbiges Licht
Spricht.

Illusion und Trug.
Gescheiterter Versuch.
Lausche lieber
Dem inneren Ruf.

Innen steckt die Kraft
Aus Ansuz Macht.
Odins Mund spricht
Mit deinem Gewissen.

Trauben der Natur.
Stiller Schwur
Gen Himmelreich;
Doch der Weg ist weit.

Zeichen und Signale.
Schicksalspfade.
Träume und Visionen.
Göttlicher Lohn.

Hain der Mitte

Heim und Ahnenbesitz.
Othalas Blitz.
Altes Erbe.
Runenerde.

Im Hain der Vorfahren
Sich selbst erfahren
Und begreifen,
Wie Generationen reifen.

Dein Spiegelbild
Aus ihnen wird.
Dein Sein
Ist daheim

Erinnerungen.
Wirrungen.
Bilder im Zwielicht
Leiten dich.

Deine Ahnen bauten
Dein wahres Haus.
Ihre Taten
Sind deine Saaten.

Lebe rein
Im Ahnenhain.
Ehre ihre Namen
Durch gute Taten.

Runa

Im Runenreim
Steckt der Keim
Deines höheren Seins.

Im Runenrad
Wirst du erwartet
Vom Nornengral.

Die Runenzweige
Wissen zu zeigen
Die Schicksalsseiten.

Das Runenlied
Kinder bewegt
Zum spielerischen Sieg.

Wenn die Runensaga
Endlich wahr,
Dann ist der jüngste Tag da.

Denn die Runen sind
Geboren um zu künden
Von den paganen Zünften.

Wasserrune

Laguz
Strahlt lila.
Laguz fließt.

Im Wasser
Wirst du frei.
Das kühle Nass
Reinigt deinen Geist.

Eine Rune
Der Einweihung
Mit dem Gefühl
Der Befreiung.

Du wirst
Initiiert.
Du wirst
Eingeweiht.

Ein Tropfen
Des Lebens.
Der Fluss
Des Gebens.

Öffne dich
Für Laguz.
Gib dich hin dem
Spirituellen Fluss.

Heller Tag

Ein Botschaft des Erwachens
Und der Klarheit.
Eine Rune des Erschaffens
Und der Wahrheit.

Gute Zeiten stehen bevor,
Verkündet Dagaz.
Es öffnet sich ein Tor
Eines besseren Tages.

Die Sonne scheint
Und die Vögel singen.
Keiner weint,
Weil sich alle lieben.

Das Leben ist schön
Und der Himmel blau.
Die Runen verwöhnen
Mit magischem Vertrauen.

Dagaz leitet uns
Zu positivem Tun.
Dagaz zeigt uns,
Gutes zu tun.

Magische Alltagshelfer

In der Harmonie
Der wahren Magie
Leben die Runen.

Im Mutterschoß
Unseres Kosmos
Ruhen die Runen.

Im heiligen Herzen
Wahrer Werte
Wachsen die Runen.

Im weiten Raum
Des Weltraums
Wirken die Runen.

Sie sind überall
Und jederzeit.
Die Runen sind
Allzeit bereit.

Total

Öffne die Truhe
Alter Runen und
Starte in ein
Neues Leben.

Lebe den Traum
Der Runenfrauen
Und strebe.

Eine alte Welt wartet
Auf dich.
Diese alte Welt gibt
Dir mehr als die
Gesellschaft der Bürger.

Diese alte Welt bietet
Dir mehr als die Bürokraten.
Diese alte Welt liebt
Dich mehr als die Kalten.

Runen waren
Die Waren der wahren
Seher und Seherinnen.
Runen sind zurückgekehrt,
Um dich zu lehren,
Nach dem Höchsten zu streben.

Folge ihnen.
Höre auf sie.
Lausche ihrem Klang.
Lebe ihre Magie.
Sei die Runen!

Gebos Gabe

Gebo die Gabe.
Gabe der Götter.
Gabe des Schicksals.

Gebo gibt
Ein Liebeslied.
Gebo bringt,
Was glücklich klingt.

Ein Geschenk
Des Himmels.
Ein weißer Schimmel.
Ein Geschenk
Der Macht mit
Himmlischer Kraft.

Die Götter geben
Auf allen Wegen.
Die Göttin schenkt
Eingedenk.

Des Himmels Gabe
Auf jedem Pfade
Lenkt hinauf zum
Schicksalslauf.

Dagaz Tag

Ein Tag
In Dagaz.

Feiner
Sonnenschein.

Strahlendes
Lachen.

Das Glück
Ist zurück.

Dagaz
Heller Tag.

Dagaz
Schöne Zeit.

Dagaz
Ohne Leid.

Dagaz ist
Wundervoll.

Tiwaz Ruf

Wenn Tiwaz fällt,
Erwacht der Held
Und zieht hinaus
Und trotzt dem Graus.

Wenn Tiwaz klingt,
Die Walküre singt
Das alte Lied
Vom großen Sieg.

Wenn Tiwaz strahlt,
Wird Mut wahr und
Trägt durch jede Schlacht
Und dunkle Nacht.

Wen Tiwaz ruft,
Der braucht Mut
Für ein Abenteuer
Im Höllenfeuer.

Wen Tiwaz braucht,
Wird aufgebaut
Von alten Mächten
Und Schicksalskräften

Denn Tiwaz wählt
Und vermählt die
Mutigen Menschen,
Die tapfer für das
Gute kämpfen.

Siegesrune

Die Rune der Sieger
Und Sonnenkrieger.

Das Spiel beginnt
Und der Sieg winkt.

Sig kam, sah und siegte.
Mit Sig erlangen wir
Spirituelle Tiefe.

Sig führt zum Gipfel
In Yggdrasils Wipfel.

Die Götter sind nah
Und die Prophezeiung wahr.

Nimm an, was Sig zeigt,
Erlange den Siegespreis.

Nimm an, was Sig lehrt
Und lebe verehrt.

Denn Sig ist der Sieg,
Den du dir verdienst.

Kenaz

Liebe sprießt
Mit der Runen Kraft.
Denn Kenaz Macht
Fließt.

In allen Ritzen
Yggdrasils
Ist der Liebe viel
Und des Gewissens.

Sie ist Schicksal
Und wahrer Sinn
Für jedes Kind
Und ohne Qual.

Träumt von ihr
In jeder Stund
Mit küssendem Mund
Der Lieb.

Traut euch
Loyal zu sein
In aller Zeit
Ohne Reue.

Folgt Kenaz
Und ihren Zeichen.
Erlebt die Seiten
Wahrer Gefühle.

Inguz

Eine Raupe wird
Zum Schmetterling.
Inguz wirbt
Um Heilung.

Ein Kind wird
Erwachsen.
Inguz bringt
Den Wandel.

Träume werden
Endlich wahr.
Inguz Erben
Werden stark.

Der Vulkan
Bricht aus.
Inguz verspricht
Erneuerung.

Aus dem Samen
Wird der Baum.
Mit Inguz reifen
Wir zu Mann und Frau.

Wunjo

Wunjos Wunsch.
O Wunjo ich bitte dich,
Erfülle meinen Wunsch.

Ich will ehrlich sein
Und dir beweisen,
Dass ich Ehre hab:
Nur bitte Wunjo
Erfülle meinen Wunsch.

Wunjo meine Wonne,
Meine heilige Sonne,
Die Erfüllung meiner Träume.

Wunjo weist
Zum guten Ende.
Wunjo weiß
Zu harmonisieren.
Wunjos Freude
Beschleunigt mein Glück.
Wunjos Harmonie
Ist der Liebe Sieg.

Futhark

Thurisaz, Jera, Eiwaz
Lehren uns etwas.
Nauthiz, Isa, Inguz
Sind die Einkehr und
Der Wandel.

Berkana und Othala
Sind unser Heim.
Uruz und Hagal
Sind harte Wahrheit.

Raido, Ewaz, Mannaz
Weisen auf den
Göttlichen Pfad.
Dagaz und Sig
Markieren den Sieg.

In Laguz und Tiwaz
Steckt unendliche Kraft.
Ansuz, Wunjo und Fehu
Beweisen den spirituellen
Reichtum Yggdrasils.

Gebo und Kenaz
Leben Liebe.
Algiz und Pertho
Offenbaren ein
Großes Geheimnis.

Geschenke

Gebo!
Ein Geschenk
Des Himmels.
Gebo!
Ein Geschenk
Von Mutter Natur.

Kreuzende Linien.
Kreuzendes Schicksal.
Verschmelzende Herzen.

Gebos Fluss
Entspringt dem Genuss
Sprudelnder Überraschungen.

Gebos Strahlen
Wollen uns ins Paradies
Tragen.

Gebos Wärme
Am heimischen Herde
Der familiären Trausamkeit.

Walhalla

Walhallas Runen.
Walhallas Rufe.

Lausche dem Rauschen
Der Bäume.
Lausche dem Schweigen
Der Steine.

Etwas schwingt
Unsichtbar für das Auge.
Etwas klingt
Unhörbar für das Ohr.

Walhallas Tore.
Walhallas Orte.
Die Walstatt wählt
Jene für den
Schicksalsweg.

Wage zu zuhören.
Wähle die Runenorte.
Unsichtbare Pfade
Stecken in der alten Sage.

Lektionen

Umgekehrte Rune
Ist kein böser Vorbote,
Sondern ein Hinweis
Auf einen anderen Preis.

Vertrau den Zeichen.
Lass dich leiten.
Öffne dich der Macht
Und finde Kraft.

Da ist Magie
In der Harmonie
Und da ist Liebe
Im Chaos.

Die Wege der Welt
Sind ein Hexenfeld.
Folge dem magischen Pfade
In bessere Tage.

Steine

Runen
Der Heiden.
Runen
Der Weiden.
Runensteine.

Seit alter Zeit
Liegen verborgen
Im Heidenreich
Alte Steine.

Geschichten
Der Ahnen
Über das was war
Und das was wahr.

Runen
Der Heiden
Für die Heiden
Einer neuen Zeit.

Schutzsymbol

Algiz Schutzrune
Wacht über mich.
Algiz Ruhe
Schützt mich.

Algiz ist das Gras.
Algiz ist das Zeichen
Der Äste.
Algiz ist wie die Macht
Des alten Schutzkreises.

Voll von Schutz
Und heiligem Trutz.
Ich halte Wacht
Die ganze Nacht.

Algiz ist mein Licht
Und führt mich
Durch die Dunkelheit
Bis ins heilige Reich
Der Ahnengötter.

Wunderkunde

Die Kunde eine Wunders
Bringt Dagaz.

Das Glück des Augenblicks
Steckt in Dagaz.

Die Lehre des Lebens
Führt zu Dagaz.

Dagaz ist das Erwachen.
Dagaz ist die Klarheit.
Dagaz ist der
Strahlende Tag.

Ein Leben der Liebe
Mit Dagaz.

Der Mut des Bluts
Wächst aus Dagaz.

Die Ehre der wahren Charaktere
Strahlt aus Dagaz.

Heilige Worte

Ansuz spricht
Mit göttlichem Witz.

Höre die Tiefe
Und spüre die Reife.

Jedes Wort leitet,
Mehr noch: es heilt.

Jedes Wort führt,
Lass dich einfach
Davon berühren.

Ansuz Licht
Ist das göttliche Gesicht
Im gesprochenen Wort
Am heiligen Ort.

Gott und Göttin

Die Götter geben,
Wenn wir zu ihnen
Streben.

Die Göttin liebt
Unseren goldenen
Sieg.

Gebos Linien
Werden sich
Niemals verbiegen.

Gebos Gaben
Erwarten uns
An allen Tagen.

Gebos Wert
Ist der Weg
Aus dem Herz.

Gebos Geschenke
Beenden alle Ränke
Für immer.

Fehus Ochsen

Fehus Fülle
Verheißt Glück.
Fehus Pfeile
Weisen ins Freie.

Das Vieh in alter Zeit.
Die Aktien der heutigen Zeit.
Fehu ist das volle Horn.
Fehu glänzt golden.

Die Hörner des Ochsen.
Die Regeln der Orthodoxen.
Die volle Schatztruhe.
Der Reichen selige Ruhe.

Fehus magische Macht
Und des Geldes Kraft
Zu bewegen und zu herrschen
Wie in alten Märchen.

Mutterrune

In Mutters Haus
Während draußen
Der Regen fällt.

Berkana fiel
Wie ein Birkenstiel.
Sie trotzte Wind und Sturm
Und selbst dem Holzwurm.

Der Birken Macht
Ist ihre biegsame Kraft.
Sie nimmt die Energie
Und verwandelt sie in Harmonie.

Auch der Mutter Magie
Ist liebevolle Harmonie.
Sie windelte uns warm
Und schützt uns vor Harm.
Sie ist der Hort
Der Liebe Wort.

Mannaz

Mannaz ist
Das Geheimnis des Göttlichen.
Mannaz ist
Die Brücke zu den Göttlichen.

Göttlicher Funke
Im menschlichen Geist.
Menschliche Suche
Nach dem Göttlichen Geist.

Götter und Göttinnen sind
Und wir sind ihr Kind.
Sie wachen und schützen
Über himmlische Brücken.

Mannaz erscheint und
Du wirst geweiht.
Mannaz taucht auf und
Du wirst in dein Schicksal getauft.

Mannaz wirkt göttlich
Und führt zum wahren Selbst.
Mannaz macht glücklich
Überall in der Welt.

Wähle Mannaz Pfad.
Wandel am hellen Tag
Mit Mannaz Macht.

Thurisaz Macht

Thurisaz
Donnerschlag.
Thurisaz
Der Kriegerpfad.
Thurisaz
Macht aus alter Zeit.
Thurisaz erschallt.

Der Hammer schlägt
Am Himmelszelt,
Während wild
Der Regen fällt.

Blitze zucken,
Während stählerne
Muskeln buckeln.
Thors Thurisaz.
Alte Asenmacht.
Mit der Götterkraft
Werden wir erschaffen.

Isa

Eis.
Isa.
Einkehr.
Isa.

Stillstand.
Nullpunkt.
Ruherune.
Isa.

Eins allein.
Nur in seinen
Gedanken sein.
Isa.

Reflex des Selbst.
Angst des Helden.
Isas Gabe ist der Blick
Hinter das Ich.

Isa ist
Das Eis.
Isas Preis
Ist heiß.
Isa weist
Nach innen.

Was wirst du in dir finden?

Heute

Inmitten der Zivilisation
Die Runen hören.
Auch in der größten Stadt
Entfaltet sich der Runen Kraft.

In den Computern, Servern,
Kabeln, Wellen, Bits und Quanten
Leben sie.
In den Glastürmen der Metropolen
Wirken sie.
In den Marsmissionen
Strahlen sie.

Neue Zeit.
Altes Runenreich.
Gewachsen und geformt
Und Heiden genormt,
Um jetzt zu leben
Und für immer zu streben
Nach den Gipfeln der Welt.

Bist du eine:r von ihnen

Wer die Runen befragt
Und Antwort erhält,
Wird nicht mehr derselbe sein,
Der er war davor.

Wer dem Ruf der Runen folgt,
Betritt ein Abenteuerland,
Dass neben Partys
Auch Gefahren birgt.

Wer den Runen vertraut,
Wird von ihnen aufgebaut,
Wie der Schmied
Den Stahl behaut,
Um ein gutes Schwert
Zu schmieden.

Wer eins mit den Runen wird,
Den erwartet ein Flirt
Mit dem Schicksal.

Hagalaz

Hagals Schlag.
Diese Rune weist
Durch eine dunkle Zeit
Zu einem neuen Tag
Goldenen Sonnenscheins.

Hagals Härte
Ist die Grundlage
Für wahre Stärke.

Hagals Sturm
Erzeugt Unruhe,
Ihn zu durchsegeln
Führt zu Größe.

Hagal warnt
Und doch müssen
Wir wagen,
Um in Hagals Namen,
Die Welt zu tragen.

Ing

Eine Raupe wird
Zum Schmetterling.
Ein Knabe wird
Zum Mann.
Wer wirst du am Ende
Des Schicksalspfades?

Ing bringt.
Inguz Fluss
Führt zum Abschluss.
Ingwaz tiefer Bass
Erschafft.

Wir sind der Wandel
Des Selbstes Handel.
Veränderung geschieht
Gewinnend oder verlierend.
Es entwickelt sich
Im Willenslicht.

Bist du Raupe
Oder Schmetterling?
Bist du der erste Schritt
Oder auf dem finalen Stück?

Phönix

Eine alte Welt,
Die verschüttet ist,
Erhebt sich aus den Trümmern.

Wie der Phönix
Spricht die Hex
Und erweckt,
Was verborgen liegt.

Die Runen prophezeiten
Unsere Zeiten
Vor langer Zeit
Als Zeit der Wiedergeburt.

Du bist hier,
Also bist du gesegnet.
Dies ist das neue Äon.
Dies ist das goldene Zeitalter.

Runen öffnen die Tore
Und beleuchten die Empore
Der Wiedergeburt der alten Zeit
Des Heidenreichs.

Zuhören

Die Urrune
Hat mich gewarnt und
Ich bekomme Angst.

Die Chance vertan.
Den Moment verschlafen.

Hört mich schwören
Ihr Runen: ich will hören.

Ich Mensch kenn
Die Runen und doch
Versteh ich nicht genug.
Ich Mensch schwöre
Besser zu zuhören.
Ich Mensch gestehe,
Dass mir Fehler geschehen,
Aber ich will lernen,
Ein besserer Jünger
Der Runen zu werden!

Runenschau

Runen tun
Runen schaffen
Runen wachen
Über dich
Damit du sicher bist

Vertrau und bau auf
Dein Schicksal auf
Frag die Runen
Denn sie künden
Lies die Runen
Denn sie führen

Glaube und vertrau
Und übe die Runenschau
Nicht sichtbar ist ihre Macht
Aber physikalische gesehen
Ist das keine Kraft
Doch sie sind da
Die Macht der Runen
Ist wahr!

ein besserer Pfad

Wozu weiter
In ihrer Welt schreiten
Wozu weiter
Für sie arbeiten

Sie sehen dich nicht
Sie sahen dich nie
Wie du wirklich bist

Aber die Runen
Sahen dich schon
Als du aus Mama
Gekrochen warst

Jeden Tag
Sendeten sie Zeichen
Um dich zu erreichen

Jeden Tag
Säten sie Chancen
Damit du kannst wachsen

Jeden Tag
Haben sie gewartet
Dass du ihrem alten Pfad
Beitrittst und endlich in ein
Besseres Leben eintrittst

Runen reimen

Runen reimen
In den Weiden und Heimen

Runen fließen
Und sie sprießen
Im Gewissen

Runen leiten
Zu verborgenen Hainen
Runen ergreifen
Dein höheres Sein

Der Magier spricht
Und der Bann bricht
Die Hexe schwört
Und die Welt erhört

Runen reimen
Die Zungen der Weisen
Runen reiten
Die wilden Freien
Runen küren
Die Mutigen und
Runen heilen
Das Menschenreich

Torwächter

Der Ruf in den Bergen
Und Wäldern der Erde;
Höre und lausche und
Dann tausche dein
Materielles Leben in
Ein Höheres ein.

Runen sind Wächter
Göttlicher Geschlechter.
Sie bewahren die Tore
Der magischen Empore,
Die dich hinaufführt
Zur höchsten Kür.

Folge dem Ruf,
Wenn die Rune
Dich ruft.
Folge dem Schicksal,
Wenn du bist
Dessen Wahl.

Zögere nicht!
Zweifel nicht!
Tritt nicht zurück.
Gib niemals auf auf
Deinem Schicksalslauf.

Runenblut

Wir beide haben
Eine Rendezvous
Mit dem Schicksal.
Wir beide sind
Der Runen Wahl.

In uns lebt
Altes Blut.
Wir sind der
Runen Brut.

Lange vor dem Gral
Waren die Runen wahr.
Lange vor Rom
Floß der Runenstrom.

Sie rufen uns
Und formen uns.
Sei der Held.
Werde die Heldin.
Erfüllt euer Schicksal!

Isas Schild

Isas Lohn
Findest du
In der Mediation.

Reise astral.
Reise spirituell.
Reise in dein Selbst.

Isa kehrt ein.
Isa wirkt ruhig.
Leg mit Isa
Eine Pause ein,
Um bei dir selbst
Zu sein.

Spirituelle Tore,
Spirituelle Pforten,
Spirituelle Pfade,

Findest du in dir
Und nicht in der Welt
Aus Status und Geld.

Hagal

Hagal
Wilder Hagel
Hagal
Nah dem Sarg
Hagal
Harter Schlag

Prüfung über Prüfung
Sendet Hagal;
Aber es glaubt an dich
Und die Kraft, die
In dir liegt.

Hagals Schläge
Sollen dich formen.
Hagals Lehre
Ist voller Dornen.

Die zerstörerische Kraft
Aus Hagals Naturkraft
Hat die Macht zu erschaffen.
Denn Hagals Pfad
Ist das nackte Wahre
Am Ende der dunkelsten Nacht,
Wenn die goldene Sonne
Des neuen Äons aufwacht.

Ehwaz

Ein wilder Ritt
Auf Ehwaz
Spirituellem Licht.

Das hohe Ross.
Der große Tross
Der Runenmagie.

Mensch und Pferd.
Feld und Herd.
Ehwaz springt
Im wilden Wind.

Zwillingsmacht.
Runenkraft.
Verbunden unsichtbar.
Zusammen stark.

Ein heiliges Pferd
Grast auf freier Erd.
Kein Zaun. Keine Kette.
Kein Zwinger. Keine Mauer.
Kann es bremsen.

Ehwaz trägt,
Sobald du dein
Schicksal wählst.

Ein weltweiter Ruf

Immerzu
Ruft die Rune
Den Helden in dir.

Jederzeit
Ist die Rune bereit,
Die Walküre zu erwecken.

Recken und Walküren.
Helden und Heldinnen.
Mütter und Väter.

Die Zeit ist da.
Goldener Sonnenaufgang.
Die Runen rufen
Die Mutigen.

Die Runen senden Zeichen,
Lasst euch davon leiten.
Die Runen öffnen Tore
Für jene, die geschworen
Nicht eher zu ruhen,
Eh sie der Runen
Schicksalsruf erfüllen.

Rune Raido

Raido reist
In ein höheres
Reich.

Raidos Pfad
Liegt jenseits
Von Tag und Nacht.

In Raido ruht
Die spirituelle Kraft
Der Runen.

Raido öffnet
Magische Tore
In die Andernwelt.

Raidos Schritte
Sind die Übertritte
Ins Reich der Götter
Und Göttinnen.
Öffne dich und sei bereit.

Weiden und Eichen

Runen erscheinen
Und weisen.

Lausche den Weiden
Und alten Eichen.
Höre des Windes Kind,
Welches im Sonnenschein spielt.
Spüre die alten Steine.
Leg deine Hand drauf und fühle.

Runen weben
Schicksalswege.

Die Stimme im Wind
Ist ein magisches Kind.
Sie ruft deinen Namen
Und will dich tragen.
Sie stimuliert dein Herz
Und erinnert dich
An deinen Wert.

Runen fließen
In den Wiesen.

Der Rausch des Grases
Geleitet dich des alten Pfades,
Der zum Hain führt,
In dem dich die Göttin berührt.
Folge einfach den Zeichen
Und lass dich ins Abenteuer leiten.

Goldener Sonnenaufgang

Freunde der Runen:
Mit Freude verkünde
Ich den neuen Bund
Des neuen Zeitalters.

Das Buch ist überholt.
Die Computer haben
Es eingeholt.
Es ist auch die Chance
Zur Wiedergeburt
Der heidnischen Welt.

Die Ein-Gott-Priester
Waren fiese Biester
Und verboten die Runen.
So verlor sich die Kunde
Ihrer Wahrheit im Nordland.

Ihre Macht ist gebrochen
Und wir können wieder hoffen,
Dass die Runen uns weisen
Den Weg in bessere Zeiten
Und dass die Runen uns zeigen
Den Weg zu den heiligen
Göttern und Göttinnen.

Wagemut

Sich trauen
Zu schauen

Blinde irren wirr
Durch die Welt

Trau dich
Und schau
Den Runen ins Aug

Unwissende irren
Wie ohne Gehirn
Wirr durch ihr Leben

Trau dich und schau
Und folge dem Runenlauf

Sei mutig und
Der Runen kundig
Und wage neue Tage
Eines besseren Lebens

Neun Welten

Ein ferner Ort
Jenseits der Wolken
Über allen Gebäuden
Der Midgardmenschen.

Riesen und Götter.
Alte Traumschlösser,
In denen Urd
Die Träume der Vergangenen
Aufbewahrt.

Magische Zeichen.
Runen und Sigillen.
Sie bilden Brücken
Zu den Höchsten.

So wie andere
Sind die Runen Tore.
So wie wenige
Öffnen sie die Empore
Zu einer höheren Welt,
In der all jene Werte,
Die hier viel sind, verblassen
Und wahren Werte
Der Höchsten tragen.

Am Horizont

Klein sein in ihrer Welt.
Groß werden als Runenheld.

Die junge Frau tanzt,
Weil in ihr erwacht
Die Runenkraft.

Mit wilden Hieben
Stürmen die Walküren
Zu Tiwaz Ehren.

Ein einsamer Wolf
Findet Othalas Hort
Und das Ehewort.

In ihrer Welt bist du klein,
Doch mit den Runen kannst
Du groß und magisch sein.
Öffne dein Herz und
Lass dich auf ihre Welt ein.
Erobere dir deinen eigenen Selbstwert
Zurück zu lebenslangem Glück.

Tagesrune

Ein Wegweiser
Und Lebensbegleiter
Ist die Tagesrune.

Fällt Fehu Fülle,
Dann akzeptiere die Gefühle,
Reich und besonders zu sein.

Fällt Dagaz,
Dann wird es ein schöner Tag,
Der mit Sig strahlt.

Othala führt dich heim
In Berkanas heiligen Hain.
Ehwaz und Mannaz
Tanzen als erhabenes Paar.

Ansuz spricht Gebos Gedicht
Und reist mit Raido weit.
Doch keine Reise reicht weiter
Als Eihwaz; geschützt
Durch Algiz Netz und Tiwaz Kraft.

Bragi

Runenreime
Verbinden mit
Der alten Zeit.

Runenverse
Verkünden der Ahnen
Erbe.

Runenlyrik
Gibt dir essentielle
Lebenstipps.

Runenpoesie
Bringt deinem Leben
Echte Harmonie.

Runengedichte
Erzählen die Geschichten
Einer höheren Welt.

Starke Charaktere

Zweifler fallen.
Angsthasen zögern.
Jede:r handelt so.
Doch die Runen wollen
Deinen Charakter schmieden.

Mut wächst aus der Runenkund.
Loyalität ist der Weg der Runen.
Ehre wartet auf den Runenwegen.
Gemeinschaft ist der Runenschatz.

Mit Frieden werden die Runen siegen.
Ein leeres Blatt
Ist dein Charakter.
Du musst ihn erschaffen;
Ihn schmieden wie ein Schmied
Das Schwert. So erhält er Wert.

Runentugenden:
Tugenden der Runen,
Sollst du formen
Beim Studium der Runen.

Runenwälder

Das Feuer der Runen.
Der Fluss der Runen
Und das magische Runenwasser.

Überall warten die Runen auf dich:
Sogar im Wind und
Im goldenen Sonnenlicht.

Der Berg der Runen
Und der alte Runenstein.
Der Hain der Runen
Und die Bäume der Kundigen.

In jedem Winkel wirkt
Die heilige Runenmagie.
In jeder Ecke, jeder Stadt
Und jedem Herz.

Aus Stein gehauen.
In den Himmel schauen.
Den Bäumen lauschen.
Des Ozeans Rauschen.

Uralte Mächte

Die Runen sind die Manifestation
Alter Mächte, gegeben von den Nornen.
In der Runen Horden kannst du dir
Ein besseres Leben formen.

Allein spinnt die Kraft,
Die sich zur Rune gemacht.
Sie ist ein himmlisch Kind
Aus dem Wipfel Yggdrasils.

Erschaffen für das Menschenreich,
Um die Midgardkinder zu leiten.
Erschaffen für das Erdenrund,
Wirkt heilig die Runenkund.

In ihnen ist Macht,
Die lange vor dem Universum gemacht.
In ihnen ist Weisheit,
Selbst Götter anzuleiten.
Worauf wartest du Menschenkind?
Gib dich endlich ganz den Runen hin!

Spuren in der Natur

In Jeras Reich
Bist du reich.

Karmas Lohn
Wird dich erhöhen,
Denn Jera ist
Das Runenglück.

Wörter in
Allen Kulturen
Wandelten
Auf den Spuren Jeras;
Fern von hier riefen sie Karma,
Hier im Norden nennen wir es Jera.

Ein Jahr verstreicht
Und du reist durch die Zeit:
Die Jahreszeiten entfalten
Ihre Gewalten.

In allem stehst du
Und hörst Jera zu,
Doch jetzt ist Zeit zu handeln
Und auf den Wegen zu wandeln,
Die zum Gipfel deines Lebens führen.
Folge einfach Jeras Spuren!

Kinder der Runen

Kinder der Runen
Tanzen im Wind
Und lernen das Spiel,
Welches Schicksal ist.

Kinder der Runen reifen
Zu Kämpfern und Weisen,
Zu Völvas und Walküren.

Die Kinder der Runen
Ziehen hinaus in die Welt.
Mit der Runenkunde
Finden sie ihren Weg.

Ein Runenkind strebt
Nach der höchsten Ehre.
Ein Runenkind weiß
Um den Preis des Heims.

Denn Runenkinder ziehen
Auf allen Wegen und
Erlangen mit reiner Liebe
Und grenzenlosem Willen
Die Erfüllung ihrer Träume.

zwei Linien

Zwei Linien laufen
In den Schlaufen
Der unendlichen Zeit

Weit gereist
Und schließlich vereint
Das ist Gebos Geschenk

Ein Herz aus Zweien
Ein Wille vereint
Ein Wunsch reist
Bis ans Ende der Zeit

Gebo gibt
Und gebiert
Gebo schenkt
Und gedenkt
Der edlen Taten deines Lebens
Und dem noblen Streben

Tanz im Licht
Und feier endlich
Denn Gebo segnet dich

geschlossen

Runenkreis
Der Zukunft weist

Runenrunde
Lehrt die Kunde

Jahre und
Jahrhunderte
Äon für Äon

Generation folgt
Generation
Ein alter Strom

Wege im
Unterholz
Ein Krieger
Schreit stolz

Ein Schatz
Aus alter Zeit
Überlebte das
Todesreich

Donnerdornen

Thurisaz und
Der Hammer
Des Donnergottes

Thurisaz
Und die Dornen
Aus Hels Welt

Thurisaz
Und die Macht
Des Gottes Odin

Thurisaz
Und die Liebe
Der mutigen Freya

Thurisaz
Und die unsterbliche
Treue Sigyns

Thurisaz
Und die warme
Mütterlichkeit Friggs

Thurisaz
Und die Urmacht
Des großen Tyr

Thurisaz ist
Wie der Blitz
Der Loki straft
Für bösen Schabernack

Göttliche Stunden der Runen

Göttliche Funken
Glühen in den Runen.
Ihr magisches Funkeln
Erhellt das Dunkle.

Heilige Gaben
Ruhen in den Samen
Der drei Zeitdamen
Und warten auf
Die Schicksalskinder.

In der Runenstunde
Beginnt die Runde
Der Gefährten die
Runen zu werfen.

Die Runensteine fallen
Und Sinn erscheint
In tausendfacher Gestalt.

Es ist dir prophezeit!

Winde dich
Und spring.
Zögere und
Gib dich Zerstreuung hin.
Doch wer wirst du werden
Auf diesem Pfad?
Eine unbedeutende Person!

Gelegt und gewebt
In Wiege und Babybett
Haben Götter und Nornen
Viele legendäre Orden
Als eine Prophezeiung.

Du wählst, ob du den Runen folgst
Und ihren Ruf erhörst.
Du entscheidest, ob du bereit bist,
Die Runenkunde anzunehmen.
Du erhebst dich durch sie
Oder fällst zurück zur normalen Banalität,
Falls du den Ruf der Runen ignorierst.

Sonnenmund

Sowelu
Der Sieg der Herzen
Sowilu
Der Weg des Lichts
Sowolo
Ein Funke in der Dunkelheit

Weit O weit
Ist das gelobte Land
Fern von unserm Stand
Doch wahr und nah
Wird es sein an
Jenem Tag

Runia
Runam Runantzia
Runo Rutawa

Im Mund des Gottes
Jenes flotte Sig
Im Herz der Göttin
Jener Wert der wahren Lieb

Am Himmel rund
Dankt mein Mund
Der goldenen Himmelsscheibe
Durch die Gabe
Der anständigen Art und Weise

Sonnige Tage

Die Sonne strahlt
Am Dagaz Tag.
Das Leben lacht,
Denn es ist fast geschafft.

Alles blüht und
Die Liebe sprüht.
Frühlingsgefühle
Wecken junge Triebe.

Die Berge der Städte
Werden romantische Flecke.
Die U-Bahnen werden
Zu glücklichen Oasen.

Eine Stadt des Glücks,
Denn Dagaz ist zurück.
Sein Licht verzückt
Und überbrückt alle Sorgen.

Dagaz heiliges Feuer
Wird die Welt erneuern.
Dagaz magische Macht
Lässt uns neu erwachen.

Mysteriumsrune

Leer
Ist der Wert
Der geheimen Rune.

Der ganze Norden rätselt
Und klebt tausend Schnipsel
Und versucht ihr Geheimnis zu ergründen.

Hinter das Nichts
Sendet die geheime Rune
Ihr Licht.

In der Ehre
Universeller Leere
Verwischt Odins Wesen.

So sah der Gott,
Der am Baume hing,
Weder ewig noch Schafott,
Weder Ende noch Beginn,
Was er fand, war verstehen
Des höchsten Sinns.

Feurig

Falls wir alle im Feuer enden,
Dann gemeinsam.
Falls wir das Schicksal
Der Heiden wenden,
Dann gemeinsam.

Fragt die Runen.
Wählt die Stunden.

Aber wenn wir beginnen,
Dann werden wir nicht enden,
Ehe der Sieg unser ist.

Denn wenn wir beginnen,
Dann um mit allen Kräften
Den Sieg zu erringen.

Der Vulkan brodelt
Und spuckt Lava.
Die Erde bebt und
Das Ende wirkt nah.

Doch Hoffnung verkündet
Die heilige Rune Aiwazz.
Denn die erste Stunde
Des goldenen Äons der Menschen
Ist endlich da!

Wanen wagen

Wilder Ritt
Zur nächtlichen Stunde.
Der alte Übertritt
Der Runenkunde.

Wenn Sterne strahlen
Und der Mond im See tanzt.
Wenn Äonen schallen
Mit magischer Kraft.

Wenn die Tage weder länger
Noch kürzer als die Nächte.
Wenn die Künstler geschwängert
Von himmlischen Mächten.

Wenn die Völva liest
Und die Zukunft prophezeit.
Wenn der Seher sieht,
Was die Göttin verheißt.

Dann erwacht in einem Kind,
Wie seit alter Zeit Brauch,
Der heilige Wille,
Die Welt neu aufzubauen.

Witzbold

Wahnsinn heizt die Stimmung auf.
Verrückt wie Lokis Lauf.

Der Narr der Götter
Und Witzeschöpfer
Kocht den Runensaft
Und lacht.

Der Herr des Schabernacks.
Der mächtige Schenkelklopfer
Denkt an seine neuen Opfer.

Nur ein kleiner Witz
Und eine kleine List;
Gekettet an eine Rune
In einer dunklen Höhle,
In der das Gift tropft
Und Sigyn treu hockt.

Das war der Preis
Und der Tropfen
Im Teufelskreis.

Wahre Gläubige

Die Runenkraft reift
Im Laufe der Zeit.

Trage sie als Kette
Oder als Tattoo.
Aber rette
Dich vor dem Wahn,
Dass sie nicht
Mächtig sind.

Alte Schwüre
Voller Runen.
Alte Wünsche
In den Runen.

Glaube,
Denn zweifel tötet dich.
Glaube,
Denn die Runen sind
Bereit für dich.
Glaube,
Denn eine bessere Zeit
Wartet auf dich.

Kreuzende Linien

Zufällige Begegnungen
Geschehen mit Sinn.
Öffne dich für die Prophezeiung
Und gewinn.

Träger des Heiligen
Sind die Wellen des Seins.
Die Wörter der Weisen
Werden die Runen sein.

An den Orten der Wahren
Reifen die Seher.
An den Quellen der Sagen
Lehren die Seherinnen.

Runen wirken unsichtbar
Und führen Strenge zusammen.
Gebos Macht ist wunderbar
Und wird die Welt entflammen.

Odins Opfer

Äonenkörner und
Weltenstürme.
Heimdall bläst
Zu Ragnarök.

So steht es geschrieben.
So ist es prophezeit
Seit alter Zeit.

Wird geschehen oder
Geschah bereits:
Lasst uns die Rune fragen
Über die Tage der Asen.

Denn Odin hing
Und opferte ein Aug
Für den Gewinn
Der Runenkund.

Göttliches Opfer.
Hammer und Riesenstopper.
Wo stehst du in
Diesem kosmischen Spiel?

Irminsul

Pfade des grünen Mannes
Warten im Unterholz.
Der heiligen Natur Kampf
Macht uns stolz.

Steinriesen fressen.
Metalltürme zerstören
Und Industrielle erpressen
Unsern Fron.

Im Unterholz die Rune
Wartet auf die Suchenden.
Die Äste formen Runen,
Damit wir unsern Mut entzünden.

Der Kampf um Midgard
Ist entbrannt.
Heiden stehen auf der Heiden
Seite im finalen Kampf.
Denn der alte, heilige Hain
Ist unser Ursprungsheim
Und unvergessen.

Traumrunen

Träume schäumen
Visionen Yggdrasils.
Ein Weltenbaum
Sendet Zeichen
In deinen Traum.

Am Tag sind die Runen
Eng verbunden
Mit der Magie der Nacht,
Die wirkt im tiefen Schlaf.

Realer Lohn oder
Halluzination;
Fragen viele
Bei unerwartetem Gewinn,
Nachdem sie die Runen warfen.
Die Antwort ist: es gibt
Kein größeres Geschenk
Als die Runenkunst.

Wieder ein Traum,
Der mithilfe der Runen
Brücken in deinen Alltag baut.

Ratgeber

Wenn du fällst,
Befrag die Runen.
Wenn dein Herz schmerzt,
Befrag die Runen.

Ich hab's gemacht
Und nicht zugehört.
Dann lag ich flach und
War am Boden zerstört.

Ich bat um Rat,
Aber ignorierte ihn.
Mit des Schicksals Macht
Fiel ich hin.

Wenn wir fallen,
Befragen wir die Runen.
Wenn unsere Herzen schmerzen,
Befragen wir die Runen.
Und dann hören wir auf sie
Und folgen ihrem Rat!

Ring und Kranz

Ein Ring befreit die Welt:
Der Runenring.
Ein Kranz hat die Macht,
Uns in ein besseres Leben zu führen:
Der Runenkranz.

Der Wert der Runen
Liegt in der wahren Ehre
Des Spirituellen.

Die Größe der Runen
Entwächst den Schwüren
Unserer Ahnen aus den Äonen.

Die Welt der Runen
Ist umfangreicher als
Das Menschenreich.

Der Gewinn der Runen
Übersteigt alles Gold,
Jegliches Geld, selbst alle Bitcoins.

Ein Runenring.
Ein Runenkranz.
Ein Tor in ihrer Mitte
Öffnet die Pforte zum höchsten Himmel.

Eibentoxin

Lebenssinn spinnt
Auf der Spindel
Dreier Nornen

Knoten im Netz
Sind Runen in der Welt

Weltgewebe
Yggdrasils Ehre
Weltenbaum
Als Weltinnenraum

Außen ist innen
Runen spinnen

Ein voller
Runenkranz
Vollführt
Den alten Tanz

Innen ist endlos
Außen Illusion

Finde den Lebenssinn
Und spring

Eine in vielen

Eine Rune
Repräsentiert alle Runen,
Denn sie sind alle
Verbunden.

Auch wenn eine erscheint,
Sind alle das Gewebe
Eines magischen Kleides.

Sie bedingen sich
Und verbinden dich
Mit den Kindern
Aus Dunkelheit und Licht.

Eine strahlt dich an,
Doch alle sind nah
Auf dem spirituellen Pfad.

Es bleibt
Ein Geheimnis.
Es bleibt
Eine Suche.
Es bleibt
Ein Geschenk.

Nauthiz Lektionen

Es graut
In Nauthiz
Dunkle Schleier
Schatten bilden
Ungeheuer

Die List
Von Nauthiz
Lehrreiche List
Im Blitzlicht

Zwei Striche gekreuzt
Die Taue vertäut
Die Angst gebannt
Im inneren Kampf

Sagen alter Zeit
Nauthiz leitet
Legenden unserer Tage
In Nauthiz Waage

Lektionen
Aus Äonen
Samen für
Echte Taten

Jahreskreis

Jeras Jahre waren
Eine Offenbarung.
Jeras wahre Sage
Ist eine Erleuchtung.

Im Kreislauf deines Lebens
Wirst du die Jahreszeiten
Eines Menschen erleben.

Wiege und Schule.
Ausbildung und Berufe.
Familie und Sinnsuche.
Bis hin zur letzten Ruhe.

Jera sät und jätet.
Jera hegt die junge Saat.
Jera erntet und lagert,
Damit wir den Winter
Überstehen.

Wandel ist das Wesen
In Jeras Streben.
Zeit vergeht und
Nimmt alles mit.
Jera bringt die Kunde
Der wandelnden Rune.

Ein Schritt ins Leben

Die Reime enden.
Das Leben beginnt.
Das Schicksal wendet
Zum höchsten Gewinn.

Nimm die Runen
Und bereichere dein Leben.
Opfere deine Stunden,
Um alles zu geben.

Der alte Pfad
Erwacht in neuer Zeit.
Es sind Dagaz Tage
Im Sonnenschein.

Dein Gesicht im Spiegelbild
Spricht mit dir.
Es erinnert dich an das Licht,
Welches in dir lebt.

Vergiss die materielle Welt
Und folge den Runen.
Du bist der Held oder
Die Heldin der Hohen.